有元葉子の「バーミキュラ」を囲む食卓

文化出版局

食卓に置きたくなる鍋

1936年、名古屋で繊維機械（ドビー機）のメーカーとして創業した愛知ドビー。今では、鋳物ほうろう鍋「バーミキュラ」のメーカーとして有名になりました。
実は戦後、鋳物の精密加工業へと移行し、さらにその高い技術を生かして新たな事業として取り組んだのが「バーミキュラ」でした。
雑誌の取材で、工場見学をさせていただくと、熟練の職人さんたちが、精密に鋳物を削り出し、ふたと本体をぴたりと合わせる技術の高さに驚かされました。それに、これまでのほうろう鍋にはなかったやさしいカラーバリエーションにも心ひかれたのです。
なぜ、こんなに淡くきれいな色ばかりなのでしょう。お話をうかがうと、赤や青などのビビッドな色のほうろうには、カドミウムの使用が不可欠だけれど、「バーミキュラ」には使いたくなかったからだと、初めて知りました。
創意工夫を重ねて理想の鍋をつくり上げた愛知ドビー。その高い志に共感し、私のセレクトショップ「shop281」にも置かせていただくようになり、日々の暮しの中でも野菜の蒸焼きを作るときなど、「バーミキュラ」が登場しています。
料理を作って、さあ、お食事にしましょうというときに、「バーミキュラ」ならそのまま食卓に置いても、すてきです。食卓を囲み、皆でおいしく食事をするということは、何事にも勝る幸せですね。もちろん、一人のときに重宝なサイズもありますから、いろいろな場面で活躍してくれることでしょう。

有元葉子

本書の決り
・本書で使用している計量カップは1カップ＝２００mℓ、計量スプーンの大さじ１＝１５mℓ、小さじ１＝5mℓ。1mℓ=1cc。
・米の量を表わす1合＝１８０mℓ。
・塩は自然塩を使用しています。また、フルール・ド・セルと表記している塩は、フランス・ゲランドの海塩です。ミネラル分が多く、うまみが感じられる塩です。
・オリーブオイルはすべて、エキストラバージンオリーブオイルを使用しています。
・こんろの火加減や加熱時間、オーブンの温度は目安です。機種による違いがあるため、加減をしてください。

「バーミキュラ」とは

熱伝導に優れ、強度が高いことで知られているバーミキュラ鋳鉄は、鋳物鍋にとって最高の材質です。「バーミキュラ」はこのバーミキュラ鋳鉄を改良した材質を使っていることから名づけられました。日本の職人たちが、厚さ3㎜の鉄鋳物を0.01㎜単位の精度まで削り込み、800℃で三度のほうろう焼成をしています。高い熱伝導に加えて遠赤外線効果もあって、炊く、煮る、焼く、蒸す、無水調理とさまざまな調理に対応して、素材のうまみや栄養を逃しません。

カドミウムゼロとは

ビビッドな発色のほうろうコーティングにはカドミウムが欠かせません。しかし、有毒かもしれないカドミウムを「バーミキュラ」には使用しないという方針を貫き、カドミウムゼロで作れる、パールホワイト、パールピンクなどの淡くやさしいカラーバリエーションが中心になっています。

トリプルサーモテクノロジーとは

「バーミキュラ」には食材のおいしさを引き出す三つの機能が備わっています。

1 リブ底

内側の鍋底をリブ状にして、食材との接地面積を最小限にしています。それは食材への過剰な熱伝達を防ぎ、一方で鍋全体はすばやく均一に温めることができるという工夫です。口径18㎝、口径22㎝はリブ底に（写真左・上）。口径14㎝、口径26㎝、口径26㎝ SUKIYAKIは水紋のリブ形状になっています（写真左・下）。

2 三層ほうろうコーティング

三層にかけたほうろうは、遠赤外線を発生し、食材を内側から加熱します。

3 テーパーエアタイト®構造

高い密閉性で蒸気をしっかり閉じ込めます。鍋の中で蒸気の対流が起こり、食材の外側からも熱が入って、おいしく仕上げます。

熱源

使用できるのはガスのじか火、IHヒーター、ハロゲンヒーター、オーブン（300℃まで）です。
電子レンジには使用できません。

火加減

「バーミキュラ」に強火は厳禁です。また中火で7分以上空焚きをすると、ほうろうが割れる原因になります。
熱した鍋に、すぐに水をかけることは避けて、そのまま冷めるのを待ってください。
また、火加減は以下の三つを守りましょう。

中火

鍋を火にかけはじめる、お湯を沸かす、食材を炒める、料理をすばやく仕上げる、冬場鍋が冷えている場合の予熱などに使います。8段階のIHの場合、鍋の大きさに応じて4（700W）～5（1,000W）に加減します。

弱火

「バーミキュラ」で無水調理をするときの基本の火加減です。炎が鍋底につかないくらいが目安で、充分に鍋全体が温まったときに、蒸気が斜め上に向かってゆらゆら上り続けます。8段階のIHの場合3(500W)くらい。

ごく弱火

調理の終盤に蒸気が強く吹き出してきたときに、その勢いを弱めるためや、料理の保温に使います。バーナーキャップから炎が少し出るくらいが目安で、蒸気が弱く吹く程度。8段階のIHの場合、2（400W）くらい。

使用上の注意

「バーミキュラ」は鍋全体がたいへん熱くなります。必ず鍋つかみを使用してください。
また、ほうろうを傷つけないように、調理器具はあたりのやわらかな木製やシリコン製をおすすめします。洗う際は、やわらかいスポンジと中性洗剤で汚れを落とし、水気を充分にふきます。
ふたと本体の接地面は、さびることがありますが人体に無害です。充分に水気をふいて、使いはじめの数回は、薄く食用油をぬると、さびにくくなります。

ご飯と汁物

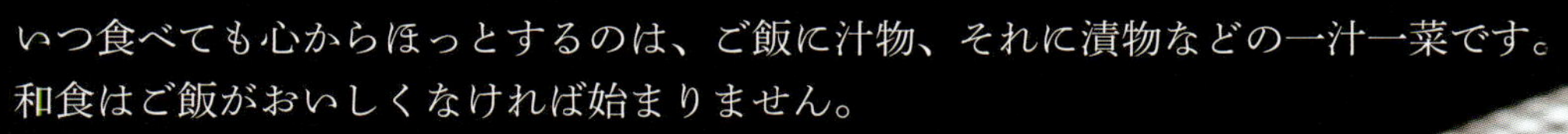

いつ食べても心からほっとするのは、ご飯に汁物、それに漬物などの一汁一菜です。
和食はご飯がおいしくなければ始まりません。
密閉度が高く、遠赤外線効果のある「バーミキュラ」で
ご飯を炊いてみませんか。
ふっくらほかほかの炊きたてご飯に、
煮えばなのみそ汁をどうぞ召し上がれ。

献立

きのこと油揚げの炊込みご飯
手毬麩と青じそのみそ汁
小松菜のおろしあえ

→page 8

炊込みご飯は、具とご飯の双方がおいしく感じられる
シンプルな組合せ。みそ汁も同様です。
そして小松菜のおろしあえは、
野菜不足を解消するのにも一役買ってくれる、私の大好物。

きのこと油揚げの炊込みご飯

新鮮なしいたけを軸ごと縦にさいてたっぷりと。
油揚げはご飯にまとわりつくようにごく細く切って。
具からもだしが出て滋味豊かな一品に。

材料　4人分　口径22cm

米 —— 3合（540mℓ）
生しいたけ —— 15枚
油揚げ —— 1枚
だし汁 —— 3カップ（600mℓ）
＊昆布とかつお節、または煮干しなど好みで。
酒 —— 大さじ2
しょうゆ —— 大さじ1
塩 —— 小さじ1 1/2

① 米はといでから水に30分浸し、ざるに上げる。しいたけは石づきを取り、4等分にさく。油揚げは油抜きをして水気を絞り、細切りにする。

② 鍋に米、だし汁、調味料、油揚げを入れてよく混ぜる。上にしいたけをのせてふたをしたら中火にかける。約10分で沸騰したらごく弱火にして13分炊き、火から下ろして13分蒸らす。

③ 全体をほぐすように、さっくりと上下を返す。

手毬麸と青じそのみそ汁

みそ汁におすすめのだし汁は、
一晩水に浸してとる煮干しだし。
とはいえ、お好みのもので結構です。

材料　4人分　口径18cm

だし汁 —— 4カップ強
みそ —— 大さじ3〜4
手毬麸 —— 適量
青じそ（せん切り）—— 適量
七味とうがらし —— 適量

鍋にだし汁を温め、みそを溶き入れたら手毬麸を入れる。青じそを散らしてお椀によそい、好みで七味とうがらしをふる。

小松菜のおろしあえ

みずみずしい小松菜をたっぷりの大根おろしであえ、
ぽん酢しょうゆでいただきます。

材料　作りやすい分量

小松菜 —— 1束
大根おろし —— 2カップ
ぽん酢しょうゆ —— 適量

① 小松菜はゆでて、水気をしっかり絞り、食べやすく切る。大根おろしは軽く水気をきる。

② ボウルにぽん酢しょうゆを注ぎ、大根おろしと小松菜を入れてあえる。
＊ちりめんじゃこを1/2カップほど加えてもおいしい。

色よくゆでて水気を絞り、切りそろえた小松菜。あえる直前までバットで受けたざるに上げておくと、余分な水分がきれる。

梅干しご飯

赤じそで真っ赤に染まった
梅干しをのせてご飯を炊きます。
梅干しごとほぐすように上下を返したら、
せん切りの青じそを添えて。

材料　4人分　口径 18cm

米 —— 2合（360mℓ）
水 —— 2カップ（400mℓ）
梅干し —— 大1粒
青じそ（せん切り）—— 適量

① 米は洗ってざるに上げ、鍋に米と分量の水を入れて30分以上水に浸す。

② ①の中央に梅干しをのせ、ふたをして中火にかけ、10分ほど加熱する。蒸気が勢いよく吹き出し、水滴がこぼれてきたら、ごく弱火にして13分加熱。火を止めて13分蒸らす。

③ 梅干しをほぐしながら、さっくりと上下を返したら、茶碗によそって、青じそを天に盛る。

玄米ご飯

充分に浸水させておけば、40分ほどで炊き上がります。

材料　4人分　口径 18cm

米 —— 2合（360mℓ）
水 —— 2カップ（400mℓ）

① 玄米は洗ってざるに上げる。鍋に玄米と分量の水を入れて、ふたをして6時間ほど水に浸す。

② ①を中火にかけ、10分ほど加熱する。蒸気が勢いよく吹き出し、水滴がこぼれてきたら、ごく弱火にして30分加熱。火を止めて15分蒸らす。

マッシュルームの
バターライス

山盛りのマッシュルームに
ベーコンやミニトマトなど、
うまみやこくの出る素材を取り合わせました。
具だくさんで食べごたえがあるので、
スープを添えれば満足のいく献立に。

材料　4人分　口径18cm

米 —— 2カップ
ベーコン（細切り）—— 厚切り4枚分
玉ねぎ（みじん切り）—— 1/2個分
セロリ（みじん切り）—— 1/2本分
にんじん（小角切り）—— 1/3本分
マッシュルーム（四つ割り）—— 12〜13個分
ミニトマト —— 10〜15個
オリーブオイル —— 大さじ1
バター —— 大さじ2
野菜のスープストック（下記参照）—— 2 1/5カップ
塩、こしょう —— 各適量
パセリ（みじん切り）—— 2〜3本分

① 鍋を熱してオリーブオイルとバターを入れ、ベーコン、玉ねぎ、セロリ、にんじんを炒める。米を加えてよく炒めたら、スープストックを加え、塩、こしょうで調味する。

② マッシュルームとミニトマトを①の米の上にのせ、ふたをして中火にかける。吹いてきたらごく弱火にして15分炊き、10分蒸らす。上下を返してご飯と具材をさっくりと混ぜ、器によそってパセリをふる。

野菜のスープストック

野菜をゆでてとるだけのスープストックです。玉ねぎ、にんじん、じゃがいも、セロリ、白菜、長ねぎ、トマトなど、ゆで汁がおいしい野菜なら何を使ってもかまいません。セロリの葉、しいたけの軸などのくず野菜や、香りづけにタイム、イタリアンパセリ、ローリエ、にんにくやしょうがを加えてもいいでしょう。野菜を深鍋に入れてかぶるくらいの水を注ぎ、ふたをしないで静かに1時間ほど煮て、こします。塩をひとつまみ加えて密閉容器に移し、冷蔵庫で数日保存ができます。

たらことしめじの洋風炊込みご飯

三色のピーマンをアクセントに、たらことしめじを炊き込んだカレー風味の洋風ご飯。
たらこが入るとスープをとらなくても大丈夫なほど、うまみが出ます。

材料　4人分　口径18cm

米 —— 2カップ
甘塩たらこ（皮を取って、ほぐす）—— 大1腹分
生だこ（小さいぶつ切り）—— 100g
しめじ（石づきを切って、ほぐす）—— 2パック分
赤、緑、黄ピーマン（各1cmの角切り）—— 各2個分
にんにく（みじん切り）—— 1かけ分
玉ねぎ（みじん切り）—— 1/3個分
オリーブオイル —— 大さじ3
白ワイン（辛口）—— 1/4カップ
野菜のスープストック（p.13参照）—— 2カップ
＊白ワインとスープストックがないときは、水2 1/4カップ。
塩、こしょう —— 各適量
カレー粉 —— 大さじ1
パセリ（みじん切り）—— 2〜3本分

① 鍋を熱してオリーブオイルを入れ、にんにくと玉ねぎを入れて表面が透き通るまで炒め、さらに米を加えてしっかり（米に油が充分に回るまで）炒める。

② ①に白ワインとスープストックを入れて、たらこを加えてよく混ぜる。味をみて塩、こしょう、カレー粉で調味する。

③ 生だこ、しめじとピーマンを入れて、軽く米と混ぜ合わせ、ふたをして中火で4〜5分加熱する。沸騰してきたらごく弱火にして15分炊く。7〜8分蒸らして上下を返す。器によそい、パセリをふる。

米に水加減をしたら、たらこをよく混ぜておく。

最後にしめじとピーマンをのせて、軽く混ぜてなじませる。

キャベツのスープ

いろいろな野菜のうまみが溶け合ったやさしい味わいで、体も自然に温まります。
寒さに凍える日はもちろん、冷房で冷えた体にもおすすめのスープです。

材料　4人分　口径18cm

玉ねぎ —— 1個
にんじん —— 1本
セロリ —— 1本
じゃがいも —— 2個
キャベツ —— 1/2個
オリーブオイル —— 大さじ2
バター —— 大さじ2〜3
野菜のスープストックまたは水
(p.13参照) —— 5〜6カップ
塩、こしょう —— 各適量

① 玉ねぎ、にんじん、セロリはそれぞれ5㎜の角切りにする。じゃがいもは皮をむいて1㎝の角切りにして水にさらす。キャベツは1㎝の角切りに。

② 鍋にオリーブオイルとバターを温め、玉ねぎ、にんじん、セロリを順に加えてじっくり炒め、塩少々ふって混ぜる。弱火にしてふたをし、5〜6分蒸し煮にする。

③ じゃがいもとキャベツを加えて、スープストックをかぶるくらい注ぎ、20分くらい弱火で煮る。塩、こしょうで味を調える。

ごぼうのクリームスープ

ごぼうに玉ねぎとじゃがいもを加えて、ぽったりとしたクリームスープに仕立てます。
いただくときに、生クリームの風味を添えます。

材料　2〜3人分　口径14cm

ごぼう —— 1本
玉ねぎ —— 1/4個
じゃがいも —— 1個
オリーブオイル —— 大さじ1
バター —— 大さじ1
野菜のスープストックまたは水
(p.13参照) —— 2カップ
塩、こしょう —— 各適量
生クリーム —— 少々

① ごぼうはたわしでこすり洗いをし、薄切りにして水にさらす。玉ねぎはみじん切り、じゃがいもは皮をむいて食べやすく切り、水にさらす。

② 鍋にオリーブオイルとバターを入れて火にかけ、ごぼう、玉ねぎ、じゃがいもをじっくりと炒める。塩少々をふって混ぜ、ふたをして6〜7分蒸し煮にして、スープストックを加える。あくを丁寧に引いて、野菜がやわらかくなるまで中火弱で煮る。粗熱を取ってミキサーにかけ、鍋に戻して塩、こしょうで味をつける。スープストックか水で好みの濃さにしてもいい。

③ 温めて生クリームを入れて、器によそう。
＊生クリームは七分立てにしたものを少量加えてもいい。

にんじんと鶏手羽のスープ

丸ごと1本のにんじんが主役。じっくりと時間をかけて煮て、しんまでやわらかくなればでき上りです。
にんじんそのものの味が堪能できます。

材料　3人分　口径22㎝

にんじん —— 3本
玉ねぎ（四つ割り）—— 1個分
鶏手羽先 —— 6本
セロリ —— 1本
黒粒こしょう —— 小さじ1
ローリエ —— 1〜2枚
塩、こしょう —— 各少々

① 鍋ににんじん、玉ねぎ、鶏手羽先、セロリ、黒粒こしょう、ローリエを入れ、かぶるくらいの水を注いで火にかける。

② あくを丁寧に引き、ふたをしてにんじんがすっかりやわらかくなるまでごく弱火で煮る。塩、こしょうで味を調える。

にんじんは芯まで赤く鮮やかで重みがあれば、
甘みのあるおいしいにんじんです。
スプーンですっと切りながら召し上がれ。

煮込み、煮物、煮豆

コトコトとじっくりと煮込んでいく料理は、
時間こそかかりますが、手間はかからない簡単料理でもあります。
そんな鍋まかせの料理こそ「バーミキュラ」の出番。
蒸気をしっかりと閉じ込め、食材のうまみを引き出して奥深い味に仕上げてくれます。
また、鍋ごと食卓に運んだときに、高い保温性によって温かさが長く続くのも、うれしいところ。

献立

豚肉とトマトの煮込み
トマトソースのショートパスタ
グリーンサラダ

→ page 24

一つの鍋で二品ができるイタリア伝統の家庭料理。
メインとなる豚塊肉の表面をしっかりと焼いて、
香味野菜とトマトで煮込み、
できたソースでパスタをあえます。
グリーンサラダはメインの付合せに。

豚肉とトマトの煮込みを切り分け、グリーンサラダを添えたメイン。
ナイフがいらないくらいにやわらかく煮えています。
赤ワインとともに。

豚肉のうまみをたっぷり含んだトマトソースで
ショートパスタをあえます。
パスタはペンネやフジッリなど
数種類を合わせると、食感の違いが楽しい。
パルミジャーノ・レッジャーノをたっぷりと添えて。

豚肉とトマトの煮込み

豚肉は塊のまま表面をしっかりと焼き、
たっぷりの香味野菜とトマトの水煮で煮込みます。
トマトソースがなじんで、
ほろりとやわらかな豚肉は抜群のおいしさ。

材料　4人分　口径22cm

豚肩ロースの塊肉 —— 600g
玉ねぎ（みじん切り）—— 1個分
にんじん（みじん切り）—— $\frac{1}{2}$本分
セロリ（みじん切り）—— 1本分
パッサータ（水煮トマトを裏ごししたもの）
—— 2本（約1ℓ）
＊またはトマトの水煮缶をハンディプロセッサーなどでなめらかにしたもの。
にんにく（みじん切り）—— 2かけ分
オリーブオイル —— 大さじ3
赤とうがらし —— 1本
塩、こしょう —— 各適量

① 鍋を熱してオリーブオイルを入れ、豚の塊肉全体に焼き色をつけるようにして焼く。

② ①の肉をいったん取り出し、にんにく、玉ねぎを加えて軽く炒め、にんじん、セロリも加えてじっくりと炒める。

③ 全体がなじんだらパッサータを加えて、焼いた豚肉を戻し入れ、赤とうがらしを加えてふたをし、ごく弱火で1～2時間煮込む。途中、塩、こしょうを加えて味を調える。

④ 肉に竹串を刺し、充分にやわらかくなったかを確認する。くずれるくらいにやわらかく煮るとおいしいので、時間を充分にかけて煮込む。最後にもう一度ソースの味を調える。

⑤ いただくときに、豚肉を切って器に盛りつける。食べやすくほぐしてもいい。

グリーンサラダ

洗って水気をよくきった好みのレタスをオリーブオイル、白ワインビネガー、塩、こしょうであえる。

トングを使いながら、オリーブオイルで豚肉の表面を順番に焼いていく。肉のうまみを閉じ込め、鍋底につくおこげがうまみにもなって。

肉を取り出してみじん切りの香味野菜を入れ、しっとりとするまで充分に炒める。

香味野菜にパッサータを加えたら、焼いた豚肉を戻す。

トマトソースのショートパスタ

3ℓの熱湯を沸かし、塩大さじ2を加えて、パスタ（ペンネ、フジッリなど）250gをゆでる。豚肉とトマトの煮込みによるトマトソースであえ、パルミジャーノ・レッジャーノをたっぷりふっていただく。

ミニトマトソース

とびきりのミニトマトソースをご紹介しましょう。
ミニトマトの中でも味が濃くてトマトらしい香りのする、チェリートマトがおすすめです。
私のイタリアの家の周辺は、玉ねぎやにんにくの産地。
だから、トマトソースにもにんにくを大量に使ってこくを出すのですが、
その半量は生のまま炒め、残りの半量はゆでてつぶしてから途中で加えるのがこつです。
よく煮て、木じゃくしでなぞったときに、すうっとソースが分かれて鍋底が見えたら完成です。

材料　作りやすい分量　口径 26cm

ミニトマト —— 5パック（約100個）
にんにく —— 大１個
オリーブオイル —— 大さじ3
塩 —— 少々

① ミニトマトはへたを取って横半分に切る。にんにくは皮をむき、半量はやわらかくなるまで10〜15分ほど水からゆでて、包丁の腹で押しつぶし、ペースト状にする。残りはみじん切りにする。

② 鍋にオリーブオイル、みじん切りのにんにくを入れて火にかけて炒める。ミニトマトを入れて混ぜながらトマトの皮がはじけるまで弱火でグツグツと煮る。ペースト状のにんにくを加えてよく混ぜ、塩で薄く調味する。かき混ぜたとき、鍋底が見えるまで煮込んだらでき上り。

半量のにんにくをやわらかくゆでたら、包丁の腹でつぶし、ペースト状にする。

トマトの皮がはじけて水分が出てきたら、にんにくのペーストを加える。

トマトソースの作りおき

便利なのはトマトソースの冷凍です。解凍しやすいように、小さいサイズのフリージングパックに入れて空気を抜き、口をぴっちり閉めておきます。解凍法は自然解凍か、急ぐときは袋ごとお湯につけるか、電子レンジに短時間かけるかして、表面をとかし、鍋に移して弱火でとかしながら温めます。パスタソースから、ピッツァトーストやチキンライスにも。また、オムレツや魚介のソテーにかけても気の利いた料理になります。

牛肉のピッツァイオーラ

page26のミニトマトソースで作ります。牛肉に限らず、豚肉や鶏肉、あるいは、すずきなどの白身魚でもよく、野菜もズッキーニやパプリカを加えてもおいしいでしょう。

材料　4人分　口径26cm SUKIYAKI

牛ももの薄切り肉（食べやすく切る）—— 500g
ミニトマトソース —— 2カップ
玉ねぎ（薄いくし形切り）—— 大1個分
生しいたけ（石づきを取って4等分にさく）
—— 5～6枚分
にんにく（みじん切り）—— 2かけ分
ローリエ —— 3枚
モッツァレッラチーズ（薄切り）—— 2個分
オリーブオイル —— 適量
塩、こしょう、オレガノ（ドライ）—— 各適量

① 鍋にオリーブオイルを適量ひき、トマトソース、玉ねぎ、しいたけ、にんにく、ローリエ、牛肉を順に1/3量ずつ入れ、塩、こしょう各少々をふり、上にチーズの1/3量をのせる。

② ①の要領で3段に重ねる。

③ 鍋を中火にかけ、オリーブオイル少々を回しかけ、弱火にしてふたをし、20～30分煮込む。でき上がったらオレガノをふっていただく。好みのパンを添えて。

トマトソース、牛肉やモッツァレッラチーズなどの食材を1/3量ずつ3段に重ねたら、火にかける。

金目鯛とあさり、じゃがいもの蒸し煮、地中海風

魚介のうまみやミニトマトの風味がじゃがいもに移ってとっても美味。
きりっと冷やした白ワインでお楽しみください。
魚は金目鯛に限らず、鯛、かじきまぐろ、すずきなどでもおいしく作ることができます。

材料　2〜3人分　口径26cm SUKIYAKI

金目鯛 ―― 3切れ
あさり ―― 450g
ミニトマト（横2等分に切る）―― 15〜20個分
じゃがいも（皮をむいて1cm厚さに切り、水にさらす）
―― 2〜3個分
にんにく（縦2等分に切る）―― 2〜3かけ分
オリーブオイル ―― 大さじ3
白ワイン ―― 1カップ
塩、こしょう ―― 各適量
パセリ（みじん切り）―― 3本分

①鍋を熱してオリーブオイルを入れ、にんにくを入れる。ミニトマトの切り口を下にして入れ、押しつぶしてトマトのジュースがよく出るようなじませる。じゃがいもを加えて、上に金目鯛を並べ、塩、こしょうをふって、あさりを周囲に入れて、白ワインを注ぐ。

②ふたをして、じゃがいもがやわらかくなるまで中火弱で20〜25分ほど煮る。仕上げにパセリをふる。

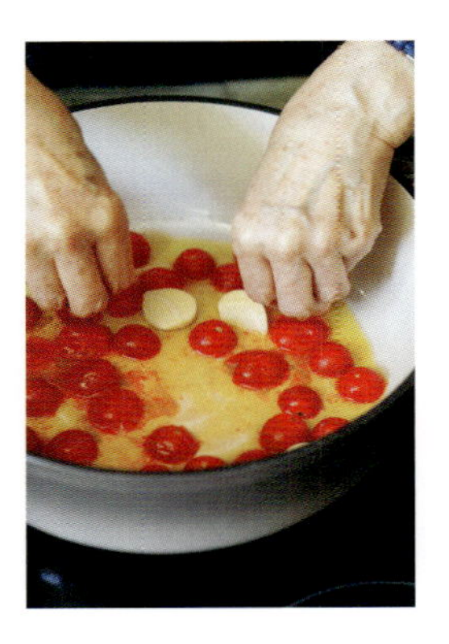

冬菇（どんこ）しいたけと牛肉のしょうゆ煮

肉厚のしいたけと大ぶりの牛肉を煮る中国風のお惣菜。
食べごたえがあってうまみも充分。冷めてもおいしいです。
牛肉だけを薄切りにして白髪ねぎをのせ、からしをきかせたごま油と黒酢のドレッシングをかけても。

材料　4人分　口径22cm

干ししいたけ（肉厚の冬菇）―― 8枚
牛もも肉またはブリスケ（2～4等分に切る）―― 500g
しょうが（薄切り）―― 1かけ分
にんにく（半分に切る）―― 1かけ分
八角 ―― 2個
黒粒こしょう ―― 10粒
花椒（ホワジャオ）―― 小さじ1
酒 ―― 1カップ
みりん ―― 1/2カップ
しょうゆ ―― 1/2カップ

① 干ししいたけはかぶるくらいの水（1ℓ）に浸して、冷蔵庫に一晩おいてもどす。充分にもどったら石づきを切り落とし、軸を取って半分に切る。

② 鍋にしいたけと軸、牛肉、しいたけのもどし汁、しょうが、にんにく、八角、黒粒こしょう、花椒を入れ、肉がかぶるくらいまで水を補う。

③ 火にかけて煮立ってきたら、あくを引きながら15分くらい煮る。酒、みりんを加えて5分くらい煮てからしょうゆを加え、弱火にしてふたを少しずらして閉め、1時間半～2時間ほど煮る。

④ 水分が半量になるまで煮たら、味をみて、しょうゆ（分量外）で味を調える。一度冷まして味を含ませる。食べやすく切っていただく。
＊煮汁でゆで卵を煮てもおいしい。

しいたけの軸も一緒に煮るとだしが出るので、無駄なく使いきって。

煮上りの状態。冷めていくときに味がしみ込む。

豚の甘辛煮

母譲りのレシピに豚の角煮がありますが、部位はバラ肉です。
一方こちらは肩ロース肉。脂身が少ない分、肉のうまみが味わえます。
脂を取り除いてから味つけするので、角煮と同じく前日から作りはじめます。
さっぱりとしていますから、焼酎のおともにもどうぞ。

材料　4人分　口径22cm

豚肩ロース肉（6等分に切る）—— 750g
にんにく（皮をむく）—— 3かけ分
しょうが（薄切り）—— 1かけ分
日本酒 —— 1カップ
メープルシロップ —— 大さじ4
しょうゆ —— 大さじ5
溶きがらし —— 適量

① 豚肉、にんにく、しょうがは鍋に入れ、日本酒を加えて、水をかぶるくらいまで注ぐ。中火弱にかけてふたは半分ずらし、1時間半ほど煮る。途中、水が足りなくなったら補う。やわらかく煮えたとき、水が肉の半量くらいになっているのが目安。

② ①の鍋が冷めたら冷蔵庫に一晩おき、脂を固めて取り除く。

③ 再び鍋を火にかけ、メープルシロップを加えて15分ほど煮る。さらにしょうゆを加えて煮汁がとろりとするまで煮る。一度冷ましてから、いただく前に温める。やわらかめに溶いたからしを添える。

ゆでた豚肉を鍋ごと一晩おき、
固まった脂を丁寧に取り除く。

スペアリブと大根の炒め煮

大きな乱切りの大根にスペアリブの味がしみておいしい、和風の煮物です。
このような煮物を作るときには、煮くずれや身やせを防ぐために、
大根の皮はあえてむかずに、しかも大ぶりに切るようにしています。
天盛りのしょうがを混ぜてアクセントにしながら、召し上がってください。

材料　4人分　口径 22cm

スペアリブ —— 5本
大根（皮ごと乱切り）—— 1/2〜2/3本分
ごま油 —— 大さじ2
酒 —— 1/3カップ
砂糖 —— 大さじ2
水 —— 1/4カップ
しょうゆ —— 1/4カップ
しょうが —— 2かけ
（1かけは薄切り、1かけは皮をむいてせん切りにし、水にさらす）

① 鍋を熱してからごま油を入れる。しょうがの薄切りとスペアリブを入れて、よく焼きつける。ここに大根を加えて、焼き色がつくまでよく焼く。

② ①に酒と砂糖を加えて煮立て、分量の水を加えて10分ほど煮る。しょうゆを加え、ふたをして弱火で10分煮る。ふたを取って煮汁を煮つめ、とろりとさせる。

③ 器に盛りつけて、せん切りしょうがの水をきって天盛りにする。

大根は少しかさが減るまでよく炒めてから煮込むと、素材のうまみが閉じ込められる。

我が家風チキンカレー

鶏肉とトマトだけで手間なく作れる、さらさらとしてスパイシーなカレーです。
すべての部位がそろう丸鶏が使えれば理想的ですが、
骨つきのもも肉、手羽元、手羽先でおいしく作ることもできます。

材料　4人分 口径22cm

鶏骨つき肉 —— 1羽分
または骨つきのもも肉2本、
手羽元4本、手羽先4本
玉ねぎ（ざく切り）—— 大3個分
完熟トマト（大きめのざく切り）—— 大6個分
にんにく（すりおろす）—— 4かけ分
シナモン —— 1本
カルダモン —— 4粒
クローブ —— 5〜6粒
クミンシード —— 小さじ1/2
コリアンダーシード —— 小さじ1/2
赤とうがらし —— 2本
カレーリーフ（あれば）—— 2枚
カレー粉 —— 大さじ6
塩、こしょう —— 各適量
オイル（好みのもの）—— 大さじ3
玄米ご飯（p.11参照）—— 適量
＊または白いご飯などお好みで。

① 鶏肉に塩、こしょうをし、にんにく、カレー粉をそれぞれ半量ずつまぶしつける。

② 鍋にオイルを入れて熱し、シナモン、カルダモン、クローブ、クミンシード、コリアンダーシード、赤とうがらしを炒める。

③ ②に残りのにんにく、玉ねぎを加えて軽く炒め、トマトを入れる。

④ フライパンを熱してオイル（分量外）を入れ、鶏肉の表面をこんがりと焼いて、③に加えて、カレーリーフ、残りのカレー粉を入れて、ふたをしてごく弱火で30〜40分ほど煮込む。塩で味を調えて、玄米ご飯と一緒に器によそう。

大きく切った鶏の骨つき肉に、にんにくとカレー粉をたっぷりまぶしてマリネする。時間をおくと、さらにおいしくなる。

トマトのスープがたっぷりと出て、煮上りはさらさらっとした状態。

金目鯛の煮つけ

脂ののった金目鯛の煮つけは、しみじみとおいしいものですね。
切り身魚は、魚の大きさよりも厚みで選ぶのがこつ。
しっかり厚みがあれば、うまみも逃げずふんわりと仕上がるからです。
クッキングシートで落しぶたをして煮、最後にわけぎをさっと煮て添えます。

材料　4人分　口径26cm SUKIYAKI

金目鯛の切り身（皮に十字の切れ目を入れる）—— 4切れ
しょうが —— 2かけ
（1かけは薄切り、残りの1かけは皮をむき、せん切りにして水にさらす）
煮汁
- 酒、水 —— 各$1/4$カップ
- みりん —— $1/3$カップ
- しょうゆ —— $1/4$〜$1/3$カップ
- 昆布（10×15cm）—— 1枚

わけぎ（5〜6cm長さに切る）—— 1束分

① 鍋に煮汁の材料を上から順に入れて、火にかける。煮立ったら1切れずつ金目鯛の皮を上にして並べ、熱い煮汁を魚の上に回しかける。薄切りのしょうがを散らす。

② クッキングシートで落しぶたをして10分ほど中火で煮る（ふたはしない）。

③ 魚に火が通ったら器に取り出し、残った煮汁でわけぎをさっと煮て、魚とともに盛りつける。上から煮汁を適量かけ、水気をきったせん切りしょうがを天盛りにする。

熱い煮汁に1切れずつ金目鯛を入れ、皮目に煮汁をかけては次の切り身を入れる、というぐあいに並べ入れる。

いかの肉詰め煮

北海道名物、いか飯にも見えますが、実はヴェトナム庶民の味。
豚ひき肉とハーブを小ぶりないかの胴に詰めてニョクマムで煮ます。
ニョクマムは魚醬ですから、ナンプラーやしょっつるでもかまいません。
食べやすく切ってご飯、ミント、香菜と混ぜながらいただきます。

材料　4人分　口径22cm

白いか —— 3ばい

A
- 豚ひき肉 —— 150〜200g
- にんにく（みじん切り）—— 1〜2かけ分
- 香菜（根と茎はみじん切り）—— 2本分
- しょうが（みじん切り）—— 1かけ分
- 赤とうがらし（みじん切り）—— 1本分
- バイマックルーの葉（細切り）—— 4〜5枚分
  ＊バイマックルーとはこぶみかんのこと。大手デパートや輸入食品店でも求められる。乾燥品でもOK。
- 粗びき黒こしょう —— 少々
- ニョクマム —— 大さじ1

オイル（好みのもの）—— 大さじ2
ニョクマム —— 大さじ3
砂糖 —— 小さじ1〜2
ご飯、ミント、香菜 —— 各適量

① いかは胴を抜いて、わたを取り除く。足は目の下で切る。

② Aの材料をボウルに入れてよく混ぜ合わせ、いかの胴に八分目ほど詰め、口を短く切った竹串でとじる。
＊詰めるときに、いかの頭頂部を少し切って空気穴を作らないと、詰めることができない。また胴一杯に詰めすぎると、煮てからはみ出すので注意。

③ 鍋を熱してオイルを入れ、②のいかと足を加えて表面を軽く焼く。いかの高さの半分ほどまで水を注ぎ、ニョクマムと砂糖を加える。ふたをして15分ほど煮たらふたを取り、水分を飛ばすようにして煮る。全体に煮汁がからんだらでき上り。

④ 食べやすく切って器に盛り、ご飯、ミント、香菜を添え、煮汁の残りを回しかけていただく。

肉詰めのいかは、上下を色よく焼いておく。

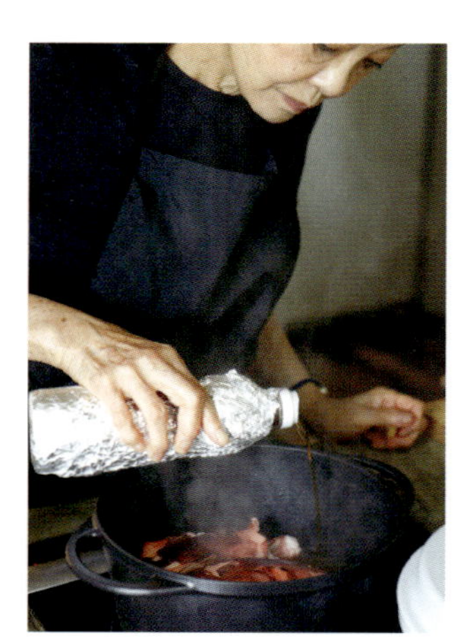

味つけはニョクマム。煮つまってくると独特の香ばしい香りが。

白いんげん豆のからすみあえ

→page 46

白いんげん豆の香りやおいしさを味わうなら、シンプルが一番。
オリーブオイルと塩だけでもOKですが、からすみであえると、
贅沢でしゃれた前菜になります。

小豆のメープルシュガー添え

→page 47

ふっくらやわらかく煮た小豆にメープルシュガーを添えて。
小豆の滋味深い自然のおいしさが、たまらなく好き。

白いんげん豆の
からすみあえ

イタリアにもボッタルガと呼ばれる、
からすみがあります。
パスタやブルスケッタなどはおなじみですが、
豆をあえてみたら、絶品でした。

材料 4人分

ゆで白いんげん豆（右記参照）—— 2カップ
からすみ —— 1/2腹（約40g）
オリーブオイル —— 大さじ1
塩 —— 適量

ボウルにすりおろしたからすみとオリーブオイルを入れて混ぜる。ここにゆでた白いんげん豆を加えてあえ、塩で味を調える。
＊好みで、みじん切りの赤とうがらし少々を加えてもいい。

白いんげん豆のゆで方

口径 22cm

① 白いんげん豆１袋は、たっぷりの水に浸して一〜二晩冷蔵庫に入れてもどす。

② 豆のしわが充分にのびてふっくらともどったら、浸しておいた水を捨てて、新しいたっぷりの水とともに鍋に入れ、火にかける。煮立ってあくが出てきたら取り除いて、火をごく弱火にしてふたをし、やわらかくなるまで１〜２時間ほどゆでる。常に豆に水がかぶるくらいになるよう、随時補いつつゆでる。
＊保存は、ゆで汁につけたまま冷蔵または冷凍する。

小豆の
メープルシュガー添え

ふっくらとやわらかくゆでた
大納言小豆です。
メープルシュガーをかけていただくと、
小豆そのものの味や香りが
より豊かに感じられます。
ゆでたてをそのまま食べたり、
塩をぱらぱらふってみたり、
薄甘く煮たりと、
いろいろと変化がつけられるので、
味つけしないほうが自在に楽しめます。

小豆のゆで方

口径 22cm

① 小豆2カップは、かぶるくらいの水に一晩つけておく。

② 鍋に新しい水とともに小豆を入れて火にかける。煮立ってきたらゆで汁を捨て、新しい水に取り替える。これを3回繰り返す。再び新しい水を入れ、火にかけて煮立ってきたらあくを取り除き、ごく弱火にしてふたをしないで、やわらかくなるまで1時間ほどゆでる。

＊保存するときは、ゆで汁につけたまま冷蔵または冷凍する。
＊ゆで小豆に砂糖や和三盆、メープルシュガーなどの糖分を加えて煮直すと、豆の割れていた部分が閉じて、きれいに煮上がる。

豆料理のすすめ

豆はできるだけ質のいいものを求めましょう。贅沢したとしてもささやかですし、かけた手間や時間を無駄にしたくありませんから。豆は良質のたんぱく質やミネラルのほかに、食物繊維がたっぷり含まれています。体にいいことはもちろんですが、滋味深い自然のおいしさを味わいたくて、いつも一袋ゆでてしまい、ゆで汁ごと冷凍しています。これさえあれば、あらゆる料理やデザートにアレンジして、いつでも楽しめます。

蒸しなすのにらソースがけ

→page 50

蒸し物

密閉性が高く熱伝導にすぐれた「バーミキュラ」で、
食材を包み込むようにして蒸し物を作ります。
加える水はほんの少量でよく、
いったん沸騰すれば蒸気が効率よく循環するので、
食材にむらなく火が通って素材の持ち味が充分に引き出されます。

カリフラワーとブロッコリーの蒸し物、
2種のマヨネーズソース添え

→page 51

蒸しなすのにらソースがけ

心持ち強めの火加減にすると色よく蒸し上がります。
ピリ辛のにらソースが食欲をそそって。

材料　4人分　口径22cm

なす —— 4〜5本
にらソース
- にんにく、しょうが（各みじん切り）—— 各1かけ分
- にら（みじん切り）—— 2本分
- ごま油 —— 大さじ$1\frac{1}{2}$
- しょうゆ —— 大さじ$1\frac{1}{2}$
- 酢 —— 大さじ$\frac{2}{3}$
- 好みで豆板醤 —— 適量

① なすは縦四つに切り、塩水またはみょうばん水につけておく。にらソースの材料を合わせておく。

② 鍋に水を$\frac{1}{4}$カップほど入れ、クッキングシートを敷いて、なすをあまり重ねないように入れる。

③ ふたをして火にかけ、中火弱で10分ほど蒸す。

④ 蒸し上がったなすをざるにとり、すぐに器によそって、にらソースをかける。

中火弱で一気に蒸すと色よく仕上がる。

蒸しなすは一度ざるに上げ、余分な水気をきってすぐにソースをかけていただく。

カリフラワーとブロッコリーの蒸し物、2種のマヨネーズソース添え

14cmのサイズの鍋で、それぞれの野菜を蒸してみました。
手作りのマヨネーズを添えるだけで、とびきりのおいしさに。

材料　作りやすい分量 それぞれ口径14cm

カリフラワー —— 1個
ブロッコリー —— 1個
マヨネーズ
- 卵 —— 1個
- 白ワインビネガー —— 大さじ1〜1 1/2
- 塩 —— 小さじ1
- こしょう —— 適量
- オリーブオイル —— 約2/3カップ

グリーンマヨネーズ
—— 上記マヨネーズの材料にパセリまたはディルの葉4〜5本分を加える

① カリフラワーとブロッコリーは、それぞれ軸の部分に十字の切込みを入れる。

② それぞれの鍋に水1/4カップを入れて火にかける。煮立ってきたらカリフラワーとブロッコリーの軸をそれぞれ下にして入れ、ふたをする。大きさによって8〜10分ほど蒸し、竹串がすうっと通れば蒸上り。

③ ミキサーに卵、ビネガー、塩、こしょう（グリーンマヨネーズの場合はパセリまたはディルの葉も）を加え、一度攪拌する。攪拌しながらオリーブオイルを細くたらしていく。ミキサーが回転しなくなるまでオイルを加えたら完成。

かぼちゃのプリン

鍋でじかに蒸して作るプリンです。かぼちゃの甘さが引き立って、しかも栄養満点。
どんな世代のかたにも喜ばれるおいしさです。冷やさずに室温のままで召し上がってください。

材料　作りやすい分量　口径 26cm

かぼちゃ（皮を取って、やわらかく蒸す）―― 250g（正味）
卵 ―― 3個
砂糖 ―― 60g
牛乳 ―― 1 1/2 カップ
グラニュー糖 ―― 80g
水 ―― 大さじ3
熱湯 ―― 大さじ4

① 蒸したかぼちゃ、卵、砂糖、牛乳をミキサーで攪拌して、なめらかにする。

② 耐熱容器にバター（分量外）を薄くぬって、①の液を注ぎ、ラップフィルムをかける。

③ 鍋に水 1/2 カップを入れて、ふたをして中火で加熱。沸騰したらクッキングシートを敷いて容器を並べ、ふたをして中火で2分、弱火で9分蒸す。

④ 小鍋にグラニュー糖と分量の水を入れて火にかけ、鍋を動かしたり混ぜたりしないで、溶けてこげ茶色になってきたら火から下ろして熱湯を加え、鍋をゆり動かしてカラメルソースを作る。蒸し上がったプリンにカラメルソースをかける。

ミキサーにかけてなめらかに仕上げたプリンの液を、バターをぬった容器に注ぐ。

クッキングシートの上に容器を並べて蒸す。器ごとにラップフィルムをかけておくと、水滴がこぼれても安心。

蒸焼きとパン

「バーミキュラ」は、
肉や魚などをこんがりと焼きつけることも得意です。
また、ほうろうによる遠赤外線効果で、食材の内側からも加熱されるため、
ふたをして蒸焼きにすると、
まわりはこんがり、中はジューシーに仕上がります。
さらにじか火でパンまで焼けるので重宝します。

献立
豚ヒレ肉のパンチェッタ巻きと玉ねぎの蒸焼き
ケールのスープ
ミニトマトのサラダ

→page 56

メインは、淡泊な豚ヒレ肉がぐんとうまみを増す、
おもてなしにも喜ばれる一品です。
スープはポルトガル風で、
じゃがいもベースのスープに
細切りのケールをたっぷり加えています。
ミニトマトのサラダで酸味を加えて、
バランスのいい献立に。

豚ヒレ肉のパンチェッタ巻きと玉ねぎの蒸焼き

一枚に切り広げたヒレ肉に塩、こしょう、ハーブをふりかけてくるくると巻き戻し、
さらにパンチェッタでくるりと巻いて、焼き上げます。ハーブが香る爽やかな味わいの肉料理です。

材料　作りやすい分量　口径26cm SUKIYAKI

豚ヒレ肉 —— 大1本
パンチェッタまたはベーコン —— 約100g
にんにく（みじん切り）—— 1〜2かけ分
塩、こしょう —— 各適量
タイム（葉を摘み取る）—— 適量
ローズマリー（葉のみじん切り）—— 適量
赤玉ねぎ（四つ割り）—— 大2個分
オリーブオイル —— 適量
ローズマリー —— 2枝

① 豚ヒレ肉は長さを半分に切る。それぞれ縦に置いて6〜7mm厚さになるように包丁を入れ、回転させながら薄く切り開く。表面に塩、こしょう、にんにく、タイム、ローズマリーをふり、元の形に巻く。パンチェッタを並べて広げ、上に豚肉をのせてしっかりと巻く。

② 鍋を熱してオリーブオイルをひき、①の巻終りを下にして置き、中火で表面を焼きつける。肉のまわりに赤玉ねぎをきっちりと詰め、塩、こしょうをふり、ローズマリーの小枝を上に置く。

③ ふたをして弱火で30分焼く。いただくときに食べやすく切る。

ミニトマトのサラダ

ミニトマトさえあれば、
ささっと作れる簡単サラダです。
分量はすべて適量です。

へたを取って半分に切ったミニトマトを、オリーブオイル、レモン汁、塩、こしょうで調味し、イタリアンパセリのみじん切りを加えてあえる。

ケールのスープ

ポルトガルでは、どこの市場でもケールを細切りにしながら売っていて、
食堂でこのスープを味わうこともできました。一煮立ちさせればケールの青臭さは消え、おいしくいただけます。

材料　作りやすい分量 口径18cm

ケール（4cm長さの極細切り）── 中4〜5枚分
じゃがいも（皮をむいて薄切り。水にさらす）
── 2個分
にんにく ── 3〜4かけ
玉ねぎ（薄切り）── 1/2個分
オリーブオイル ── 大さじ2
塩、こしょう ── 各適量

① 鍋を熱してオリーブオイルを入れ、にんにく、玉ねぎを入れて軽く炒め、じゃがいもを加えてさっと炒める。軽く塩、こしょうをして、水または野菜のスープストック（p.13参照）5カップ（分量外）を入れてふたをし、弱火で野菜がやわらかくなるまで煮る。

② 塩味を調え、ケールを加えて一煮立ちさせる。

仕上げにケールの極細切り
を加えてさっと煮たら完成。

豚肉と根菜の蒸焼き

ローズマリーとローリエの芳しい香りが食欲をそそり、
肉と根菜のうまみが相乗効果となって何倍にもおいしくなる、そんな料理です。
野菜やいもは皮つきのままで楽しみましょう。

材料　4人分　口径22cm

豚肩ロース肉（4等分に切り、塩、こしょうをする）── 400g
蓮根（1cmの輪切りにして、酢水に浸す）── 1節分
にんじん（1cmの輪切り）── 1本分
さつまいも（細め。皮ごと1cmの輪切りにして、水にさらす）── 1本分
ローズマリー（葉を摘み取る）── 2枝分
ローリエ ── 3〜4枚
にんにく ── 2〜3かけ
塩、こしょう ── 各適量
オリーブオイル ── 大さじ3

① ボウルに豚肉、蓮根、にんじん、さつまいも、ローズマリー、ローリエ、にんにくを入れて、塩、こしょうをし、オリーブオイルをかけてよく混ぜ合わせる。少し水分が出るまで30分ほどおく。

② 鍋に①をすべて入れ、ふたをして中火弱で蒸焼きにする。豚肉に火が通り、根菜がやわらかくなるまで、40分くらいが目安。

すべての材料をボウルに入れて、オリーブオイルで30分ほどマリネしておく。このひと手間が大事。

ラム酒のアイシングパン

暖かい場所に置いた鍋の中で、パン生地を発酵させると、とてもぐあいよくいきます。
バターロール生地のパンにラム酒入りのアイシングをかけていますが、
食事用にしたいときは、焼きたてをそのままいただいてもいいでしょう。

材料　作りやすい分量 口径22cm

強力粉 —— 400g
卵 —— 1個（60g）
牛乳 —— 1カップ
ドライイースト —— 5.5g
塩 —— 3g
砂糖 —— 40g
無塩バター（湯せんにかけてとかす）—— 50g
アイシング
　粉砂糖 —— 4/5カップ
　ラム酒 —— 大さじ2
シナモンパウダー —— 適量

① ボウルに卵をといて、牛乳を加えてよく混ぜる。

② 大きめのボウルにふるった強力粉を入れ、イースト、塩、砂糖、とかしたバターを加えてよく混ぜる。

③ ②の中心をくぼませて①を注ぎ入れ、まわりをくずすようにして混ぜていく。

④ だいたい混ざったら、台に取り出し、表面がなめらかになって、手につかなくなるまでこねる。

⑤ 鍋の内側にオイル（好みのもの。分量外）をぬって生地を入れ、ふたをして暖かい場所に1時間ほどおいて充分に一次発酵させる。

⑥ ⑤の生地を取り出し、鍋に水小さじ1を入れる。アルミフォイルを大きく切って2枚用意し、それぞれくしゃくしゃにして、22cmの円形に整え、鍋底に重ねて敷く。さらにクッキングシートを敷いておく。

一次発酵が終わったら、生地を8等分に丸める。

アルミフォイルとクッキングシートを仕込んだ鍋に生地を並べ、ふたをして二次発酵させる。

生地の片面がこんがりと焼けたら取り出し、ひっくり返して、さらに焼く。

パンが熱いうちにアイシングをのせていくと、自然に溶ける。

⑦ 生地を8等分して、やさしく丸める。これを⑥の鍋の中にリング状に並べ入れ、再度ふたをして暖かいところに30分ほどおいて二次発酵させる。

⑧ ⑦の鍋を弱火にかけて、25分ほど焼き、火を止めて5分おく。クッキングシートごと生地を取り出して、ひっくり返して鍋に戻し入れ、ふたをして弱火にかけて15分、火を止めてこんろから下ろして5分おいて取り出す。

⑨ アイシングの材料を混ぜて、パンが熱いうちにアイシングをのせ、シナモンパウダーをふる。

CERETTO
CERETTO
LANGHE
ARNEIS
2014
ECHIRE
ECHIRE

オーブン焼き

手間をかけずにごちそうを作りたいなら、オーブン料理がおすすめです。
「バーミキュラ」は300℃までの耐熱性があって、オーブンウェアとしても優秀。
肉や魚はもちろん、パンやお菓子を焼くときにも活躍してくれます。

献立

丸鶏とじゃがいものグリル
→page 64

クレソンとパプリカのサラダ
→page 66

セージ風味のフォカッチャ
→page 68

丸鶏とじゃがいものグリルがメインの献立。
グレーやシルバーのトーンで
テーブルコーディネイトして、シックに。

丸鶏とじゃがいものグリル

鶏肉というと一羽丸ごと買ってくるのがイタリア人の暮しのひとこま。私もその習慣になじんでいます。
なぜなら、丸鶏ならもも肉、胸肉、ささ身、手羽肉に内臓までバラエティ豊かに味わえますし、
肉にせよ野菜にせよ、丸ごとのほうが、間違いなくおいしいからです。
丸鶏のグリルは、焼く前に肉の表面に粗塩とオリーブオイルをまぶして、よくマッサージしましょう。
オーブンで焼くときには、付合せのじゃがいものグリルも、同時進行で。

丸鶏のグリル

材料　作りやすい分量　口径 26cm SUKIYAKI

丸鶏 —— 1羽
にんにく（すりおろす）—— 2〜3かけ分
粗塩 —— 大さじ2½〜3
オリーブオイル —— 大さじ3〜4
塩、こしょう、オリーブオイル —— 各適量

① 丸鶏は表面とおなかの中をきれいに水洗いして、水気をよくふき取る。粗塩とおろしにんにくを混ぜ合わせて、鶏の表面全体にマッサージをするように手ですりつける。さらにオリーブオイルをかけて、同様にする。

② 鍋に①を入れ（ふたはしない）、230℃に熱しておいたオーブンの中段に入れ、30分ほど焼く。肉の上面が色づいてきたら、横向きにして10〜15分焼いて、焼き色をつける。反対側も同様にして焼く。全体にいい焼き色がついたら、最初と同じ向きにおいて5〜6分焼いて仕上げる。

③ 焼けた丸鶏は両ももを切りはずして、手羽肉、胸肉、ささ身と切りはずしながら、さばいていただく。好みで塩、こしょう、オリーブオイルをかける。

きれいにした丸鶏にまず塩とおろしにんにくをつけてマッサージ。続いてオリーブオイルもつけて同様に。

丸鶏の表面がよく焼けたら身を返して、再びオーブンへ。

オーブンでこんがり焼き上げた状態。

丸鶏を焼いた後の焼き汁がおいしいので、ご飯やパスタと混ぜたり、パンにつけたりして味わって。

じゃがいものグリル

軽く塩ゆでしてからオイルなどでマリネ。
それをオーブンでこんがりと焼きます。

材料　4人分

じゃがいも —— 5〜6個
ローズマリー（葉を摘み取る）—— 2〜3枝分
塩、こしょう、オリーブオイル —— 各適量

① じゃがいもはよく洗い、皮ごと四〜六つに切る。

② 水に15分ほどさらして、塩を加えた熱湯で5分ゆでる。水分をよくふき取ってボウルに入れ、塩、こしょう、ローズマリー、オリーブオイルを加えて混ぜ合わせ、これを天板に広げる。

③ オーブンの鶏の下段に入れて15分ほど焼いたら上下を返し、さらに15分ほど焼く。おいしそうな焼き色がついたらでき上り。

クレソンと
パプリカのサラダ

鶏肉のグリルに相性抜群なほろ苦さです。

材料　作りやすい分量

クレソン —— 2〜3束
パプリカ —— 1個
赤玉ねぎ（薄い輪切り）—— 適量
白ワインビネガー —— 大さじ1
オリーブオイル —— 大さじ3
塩、こしょう —— 各適量

クレソンは食べやすく切り、パプリカは薄切りにする。赤玉ねぎとともにボウルに入れて、ビネガー、塩、こしょう、オリーブオイルを加えてよく混ぜ合わせる。

丸鶏を食べやすくさばいて、じゃがいものグリル、サラダとともにめいめいの器に取り分けて。

セージ風味のフォカッチャ

口径26cm SUKIYAKIを型にして、フォカッチャを焼いてみました。
熱の回りがいいので、表面はこんがりと香ばしく、中はふんわりとした焼上りに。
良質なオリーブオイルと塩があれば、おいしさがいっそう引き立ちます。

材料　作りやすい分量　口径26cm SUKIYAKI

強力粉 —— 150g
薄力粉 —— 150g
砂糖 —— 大さじ1
ドライイースト —— 4g
水 —— 1カップ
オリーブオイル —— 1/3カップ〜
フルール・ド・セル（塩）—— 適量
セージの葉 —— 約20枚

① 大きなボウルに強力粉と薄力粉を一緒にふるい入れ、砂糖とドライイーストを加えてよく混ぜる。中心をくぼませて分量の水を注ぎ入れ、混ぜながらこねる。なめらかになるまでよくこねたら、オイル（好みのもの。分量外）をぬった中ボウルに移す。ラップフィルムをかけて暖かいところに1時間ほどおいて一次発酵させる。

② ①の生地のガス抜きをして、生地を切らないように軽くほぐして丸める。めん棒で鍋のサイズに丸くのばす。

③ 鍋にオイル（好みのもの。分量外）をぬって生地を入れ、ふたをして暖かいところに30分ほどおいて二次発酵させる。膨らんだ生地に指先で穴をあけ、オリーブオイルをたっぷり穴に注ぎ込み、フルール・ド・セルをふり、セージの葉をのせる。

④ あらかじめ200℃に熱しておいたオーブンに入れ、こんがりと焼き色がつくまで30分ほど焼く。鍋を取り出し、フォカッチャを切り分けていただく。

鍋の中で二次発酵が終わったら、生地に指で穴をあけ、たっぷりのオリーブオイルと、塩を適量、それにセージを散らしてオーブンへ。こんがり焼けたらでき上り。

ミートローフ

→page 72

ミートローフサンドイッチ

６枚切りの食パンにキャベツ、トマト、玉ねぎの薄切りとともに、
食べやすく切ったミートローフをはさみ、
ケチャップやマスタードなどを好みでかけてサンドします。
ピクルスを添えて、分厚いところをガブリと召し上がれ。

オーブンの上段でミートローフをしっかりと焼いて。取り出すときにはくれぐれも注意を。

ミートローフ

ひき肉は売り場で肉を選び、ひいてもらいましょう。普通に合いびき肉を買うより断然おいしくできます。
野菜もたっぷり加えているので、分量の割に短時間で焼けて、味わいも軽やか。
レタスと一緒にドレッシングをかけてもおいしく、1kg分を作ってもあっという間になくなります。

材料　作りやすい分量　口径26cm SUKIYAKI

豚肩ロースのひき肉 —— 500g
牛もも（赤身）のひき肉 —— 500g
玉ねぎ（みじん切り）—— 1個分
にんじん（みじん切り）—— 1/2本分
セロリ（みじん切り）—— 1本分
パセリ（みじん切り）—— 4〜5本分
生しいたけ（みじん切り）—— 5枚分
卵 —— 2〜3個
パン粉 —— 1/2〜2/3カップ
塩、こしょう —— 各適量

① すべての材料を合わせて、よく混ぜる。

② 鍋の内側にオイル（好みのもの。分量外）をぬって①を詰める。

③ あらかじめ210℃に熱しておいたオーブンに入れ、40〜50分焼く。上面にこんがり焼き目がついたら取り出し、そのままおいて粗熱を取る。これを取り出し、切り分ける。

＊ドレッシングは、酢とオリーブオイルを1:3の割合で混ぜ、塩、こしょう各適量、おろしにんにく（またはおろし玉ねぎ）少々を加えて作る。
＊焼き汁にトマトケチャップ、しょうゆ、ウスターソースを入れて煮ると、おいしいグレービーソースになる。

ひき肉だねには玉ねぎ、しいたけ、セロリ、パセリ、にんじんと野菜もたっぷり入っている。

鍋つかみで持ち手をしっかり押さえて、まずはまわりから薄いへらを入れてはずし、さらに底にもへらを入れてはずすと、取り出しやすい。

鍋物

「バーミキュラ」を囲んでの鍋料理を楽しんでみませんか。
口径26cmオーブンポットラウンドSUKIYAKIは、
ネーミングのとおり浅型で鍋料理にもぴったりです。
中でもマットブラックは、すきやきの鉄鍋のよう。焼き物にももってこいです。

献立

すきやき、我が家風
白菜の浅漬け
ご飯

→page76

すきやきの準備を万端整えた食卓。
椅子についたらもう立ち上がらなくても大丈夫。
ゆっくりと楽しみましょう。

2012
DOBEL
BELGIAN LINEN COTTON

すきやき、我が家風

甘辛味のすきやきが苦手の我が家では、こんなすきやきが人気です。
大根おろしに、しょうゆや柑橘酢、あるいはぽん酢しょうゆでいただく趣向です。

材料　4人分　口径 26cm SUKIYAKI

すきやき用の牛肉 ―― 400g
長ねぎ ―― 2本
春菊 ―― 1束
白菜 ―― 4〜5枚
大根おろし、かぼす、しょうゆ、
ぽん酢しょうゆ、黒七味など
―― 各適量

準備

長ねぎは長い斜め切り、春菊は葉先を摘み取る。白菜は軸を切りはずし、葉を大切りにする。

① 鍋を熱して牛脂をぬるようにしてとかす。

② まず牛肉を広げてさっと焼き、大根おろし、かぼす、しょうゆなどでいただく。好みでぽん酢しょうゆ、黒七味で。

③ 長ねぎ、白菜、春菊を適宜焼いて、肉と同様にいただく。

まず牛肉をさっと焼いて、大根おろしとしょうゆでいただく。

肉を焼いた後に野菜を焼いて。肉の香ばしさが移っておいしい。

ご飯、白菜の浅漬け、焼いた野菜で締めくくり。

白菜の浅漬け

残った白菜の軸を短冊に切り、
刻み昆布とともに塩もみにしておく。

つみれ鍋

ふんわりとした青魚のつみれに、香りがよく歯切れのいいごぼう、せりなどを取り合わせました。
だし汁は昆布だしで、「バーミキュラ」に昆布と水を入れてしばらくおき、
そのまま火にかけるだけですから簡単です。

材料　4人分　口径26cm SUKIYAKI

あじまたはいわし
（三枚おろし。小骨を抜いてぶつ切り）—— 4～5尾分
しょうが —— 1かけ
塩 —— ひとつまみ
かたくり粉 —— 大さじ1
ごぼう（細いもの）—— 2本
せり —— 2束
えのきだけ —— 1袋
まいたけ（ほぐす）—— 1パック
しらたき（下ゆでする）—— 1パック
昆布 —— 20cm長さ
酒 —— $1/4$カップ
塩、しょうゆ —— 各少々
すだち（かぼす、だいだいでも）、
ぽん酢しょうゆ、七味とうがらし、
あさつき（みじん切り）、
ゆずこしょう —— 各適量

準備

鍋に昆布を敷き、水を七分目まで注いで2時間ほどおく。ごぼうはよく洗って、ごく細いせん切り、またはささがきにして、酢水にさらして水気をきる。せりはざく切り、えのきだけは下部を切り落としてほぐす。

① 準備しておいた鍋を弱火にかける。

② フードプロセッサーにしょうがを入れて攪拌し、青魚と塩、かたくり粉を入れてすり身状にする。

③ 鍋が沸騰する直前に昆布を取り出し、酒、塩、しょうゆを加えて薄く味をつける。

④ ③にすり身をスプーンで形を整えながら落とし入れ、ごぼう、せり、えのきだけ、まいたけ、しらたきを入れて煮る。煮えてきたところから器にとって、すだち、ぽん酢しょうゆ、七味とうがらし、あさつきなどで、好みの風味にしていただく。

手作りのぽん酢しょうゆとめんつゆ

だし汁をとるついでに、ぽん酢しょうゆとめんつゆを作るのが習慣になっています。ぽん酢しょうゆは、柑橘酢（ゆず、かぼす、すだち、だいだいなど）1：しょうゆ1：だし汁1の割合。ジャムの瓶に入れて冷凍保存することもできます。めんつゆは、しょうゆ1：みりん1：だし汁4の割合です。

煮えばなのつみれを、すだち、ぽん酢しょうゆ、あさつき、七味とうがらしで。次の一碗で具のうまみを含んだお汁を召し上がれ。

ヴェトナム風五目鍋

いかのだんごを主役に、野菜をたっぷり加えた
ローカロリーでヘルシーな鍋料理。
ヴェトナムの女性たちがスリムでエネルギッシュなのは、
こんな料理を食べているからではないかしら、
と思ったものでした。

材料　4人分　口径 26cm SUKIYAKI

白いか —— 3ばい
A ┌ にんにく —— 2かけ
　│ しょうが —— 1かけ
　│ 香菜の根 —— 2〜3本分
　│ こしょう —— 適量
　└ 塩 —— 少々
バイマックルーの葉（せん切り）—— 4〜5枚分
＊バイマックルーとはこぶみかんのこと。
大手デパートや輸入食品店で求められる。乾燥品でもOK。
鶏胸肉（塩をすり込み、斜め薄切り）—— 1枚分
水 —— 8カップ
ナンプラー、塩、こしょう —— 各適量
赤とうがらし（斜め2〜3等分に切る）—— 2〜3本分
絹さや（筋を取り、水に浸してパリッとさせる）—— 100g
カリフラワー（食べやすく切る）—— 小1個分
レタス（くし形の四つ割り）—— 1個分
ライム —— 2〜3個
香菜（ざく切り）—— 3〜5本分

① いかは足を引き抜いて、わたを取り除き、皮をむいてざく切りにする。

② フードプロセッサーにAを入れて攪拌し、続いていかを加え、攪拌してすり身にする。これをボウルに取り出し、バイマックルーの葉を加え混ぜ、ピンポン玉くらいに丸める。

③ 鍋に分量の水を入れて火にかけ、鶏肉を加えて煮る。火が通ってきたらナンプラー、塩、こしょうで調味する。赤とうがらしを入れて、②を加えて煮る。

④ ③が煮えてきたら、絹さや、カリフラワー、レタスを入れてさっと煮る。

⑤ 器によそい、ライムをしぼって、香菜を添えていただく。

果実煮

三層にほうろうがけをした「バーミキュラ」は、
果物のコンポートやジャムを煮るのに最適です。
果物が変色することなく、美しい色のまま煮上がります。
新鮮な旬の果物を手に入れたら、その日のうちに調理しましょう。
それがおいしく作る何よりのこつでもあります。

桃とすもものコンポート
赤いシロップのゼリー
すももジャム

→page 84、85

一つの鍋で三つのデザートが作れる
コンポートです。
桃はそのままコンポートとして。
すももで赤く色づいたシロップでゼリーを。
残ったすももの果肉はジャムとして味わいます。

桃とすもものコンポート

桃のほのかな色にすももの色が混ざって、鮮やかな赤いシロップになります。
鍋の中で果物どうしが重ならないように置いて、
シロップで静かに煮ていきましょう。

材料　作りやすい分量　口径26cm SUKIYAKI

桃 —— 4個
すもも（サンタローザや大石早生など赤いもの）—— 4個
レモン（皮は薄くむき、果汁をしぼる）—— 1個分
シロップ（2：1の割合でフルーツにかぶるくらい）
　水 —— 4カップ
　グラニュー糖 —— 2カップ

① 桃はさらしのふきんを使って、表面のけばを落とすように丁寧に水で洗い、水気をふく。

② 別鍋にシロップの材料を合わせて煮溶かしておく。

③ 鍋に桃とすももを入れ、シロップを注いでレモン汁とレモンの皮を入れ、クッキングシートかガーゼでふたをして、静かに20分ほど煮る。そのままおいて冷まし、桃の皮をきれいに取り除いて、シロップとともに器に移し、冷蔵庫で冷やす。

赤いシロップのゼリー

桃のコンポートで余ったシロップで作ります。
ふるふるとして口どけもいいゼリーです。

材料　作りやすい分量　口径14cm

桃とすもものコンポートのシロップ —— 300mℓ
板ゼラチン（1枚1.5g）—— 3〜3 1/2枚

ゼラチンを水につけてふやかす。鍋にシロップを温め、熱くなったらゼラチンを入れて溶かす。型や器に流して冷蔵庫に入れ、よく冷やす。

すももジャム

すっかりやわらかく煮えたすももを
少し煮つめていきます。
ヨーグルトのほか、トーストにも。

材料　作りやすい分量　口径26cm SUKIYAKI

鍋に残ったすももは種を取り、鍋底に残った煮汁とともに弱火で煮つめてジャムにする。

いちじくの赤ワイン煮

→page 88

いちじくの赤ワイン煮は、白かびチーズや青かびチーズと相性がよく、
白ワインを添えるとなおのことおいしい。

軽く泡立てた生クリームと合わせると、年代を問わず誰にでも喜ばれるデザートに。

いちじくの赤ワイン煮

夏から秋にかけて出回るいちじく。
これを赤ワインのシロップで照りが出るまでじっくり煮込んでデザートとして楽しみます。
シナモンスティックやバニラビーンズも入れて、ちょっぴりエキゾティックな味わいに。

材料　作りやすい分量　口径26cm SUKIYAKI

いちじく（乾いたふきんでやさしくふく）——12個
赤ワイン——3カップ
グラニュー糖——1 1/2カップ
シナモンスティック——1本
バニラビーンズ（縦にさく）——1本
クローブ——5〜6粒

① 赤ワインにグラニュー糖を加えて煮溶かす。

② 鍋にいちじくを並べ、シナモンスティック、バニラビーンズ、クローブを加えて、①を注ぐ。

③ 中火にかけて、クッキングシートでふたをして静かに20分ほど煮たら、シートを取って、上下を返し、さらに20分ほど煮る。
＊あと10〜20分くらい煮て煮汁をもっと濃厚にしてもよい（焦がさないよう注意）。

④ すっかり色づいて煮汁がとろりとしたら、火を止めてそのまま冷ます。
＊煮汁ごと容器に移して冷蔵すると熟成し、数日おいしくいただける。

グラニュー糖を溶かした赤ワインをたっぷり注ぐ。

少し煮えてかさが減ってきたら、上下を返してさらに煮る。

煮りんご

秋から冬にかけてりんごのおいしい間に、せっせと作る一品です。
中でも秋口に出回る秋映(あきばえ)や紅玉は、煮ると赤く色づいてとってもきれい。
部屋に漂う甘酸っぱい香りからも、秋という季節のただ中にいる幸せが感じられるほど。
そのままでも、肉料理の付合せにも、冷凍しておいて、とけかけをシャーベットのように楽しんでもよし。
最近では、おせちに欠かせない"りんごかん"を冷凍の煮りんごから作っています。

材料　作りやすい分量　口径26cm SUKIYAKI

りんご —— 3〜4個
レモン汁 —— 2個分
グラニュー糖 —— 大さじ6〜8

① りんごは6〜8等分のくし形に切り、ボウルに入れてレモン汁とグラニュー糖を加えてよく混ぜ、15分ほどおく。

② 鍋にりんごを放射状に並べ、ボウルに残ったレモン汁とグラニュー糖もすべて入れて、中火にかける。クッキングシートでふたをして、煮立ってきたら火を少し弱める。常にジュワジュワと煮立っている状態をキープし、5分ほど煮たらクッキングシートを取り除く。

③ 煮汁が煮つまって、ほんの少しになるまで中火を保って火を止める。そのままおき、りんごが冷めてから取り出す。鍋底の固まったペクチンもりんごと一緒にいただく。

氷菓

保温性の高い「バーミキュラ」で氷菓を作ってみませんか。
アイスクリームやシャーベットなら、口径14cmのサイズがおすすめです。

グラニータ

ここにご紹介するグラニータは
エスプレッソを凍らせ、
フォークでざくざくとくずしただけで、
とっても簡単。
ほろ苦さがなんともいえない
大人の味です。

材料　作りやすい分量　口径14cm

濃いめにいれたコーヒー(エスプレッソ) —— 1カップ
砂糖 —— 大さじ4〜5
生クリーム —— $1/2$カップ

① コーヒーが熱いうちに砂糖大さじ3〜4を溶かし、冷ましておく。

② ①を鍋に入れてふたをし、冷凍庫に入れる。固まるまでに4〜5回取り出して、フォークでざくざくとくずしておく。

② ボウルに生クリームを入れ、残りの砂糖を加えてゆるめに泡立てる。器に②のグラニータを入れ、好みの量の生クリームをかける。
＊生クリームに加える砂糖の量で全体の甘さを調節する。

本書で使用した「バーミキュラ」(オーブンポットラウンドのサイズと容量)

サイズ	容量	最大炊飯量	重量	カラー展開
口径14cm	0.85ℓ	1.5合	1.8kg	14〜22cm 共通 パールピンク パールグリーン パールブラウン パールグレー ナチュラルベージュ ストーン マットブラック パールホワイト
口径18cm	1.75ℓ	3合	2.6kg	
口径22cm	3.5ℓ	6合	4.2kg	
口径26cm	5.0ℓ	9合	4.9kg	26cm 26cmSUKIYAKI 共通 パールピンク パールブラウン ナチュラルベージュ マットブラック
口径26cm SUKIYAKI	3.7ℓ	6合	4.5kg	

製品についての問合せ先

バーミキュラ オーナーズデスク

フリーダイヤル　0120-766-787（月曜〜金曜　9:00〜12:00、13:00〜17:00）

E-mail　infomail@vermicular.jp

URL　www.vermicular.jp

販売元　愛知ドビー株式会社

発刊に寄せて

「バーミキュラ」は、愛知ドビーが80年をかけて培ってきた鋳物と精密加工の技術を生かして開発した、素材本来の味を引き出す鋳物ほうろう鍋です。
本来、鋳物の鍋は1500℃で溶かした鉄を砂でできた型に流し込んで作るため、冷えて固まるまでにどうしてもゆがみが出てしまい、そのままでは密閉性の悪い鍋になってしまいます。この問題を解消するために、職人が手間ひまをかけて精密に削り、試行錯誤を繰り返し、3年以上の歳月をかけてつくり上げたのが「バーミキュラ」です。密閉性は格段に高まり、鍋の力で素材のうまみや風味を閉じ込められるようになりました。
料理において——素材本来の味を引き出す——という発想。これは四季折々にもたらされる豊かな恵みに対して、おのずと畏敬の念を抱く私たち日本人ならではのものかもしれません。当社が理想とするレシピは、できるだけ余分な調味料を使わず、シンプルに素材本来の味を味わっていただくものにしたい。そう心がけながらレシピ開発にも力を注いでいます。
有元葉子さんとの出会いは2年ほど前。雑誌の企画がきっかけでした。名古屋にある私たちの工場を見学され、「バーミキュラ」を使ったレシピも考えてくださいました。有元さんのレシピは、ただ素材の持ち味を引き出すだけではなく、食材と調味料のシンプルな組合せによって——素材本来の味が引き立てられて何倍にもおいしくなる——そんなレシピでした。
しかも、有元さんのレシピには、何度も作りたくなり、作り手の腑に落ちる不思議な魅力があると思います。考案いただいた野菜のオリーブオイル蒸しや、豚肉のローストは、今でも私のお気に入りのレシピで、会社でも自宅でも繰り返し作る得意料理になっています。
私は「バーミキュラ」のユーザーの一人として、もっと有元さんの「バーミキュラ」を使ったレシピを知りたいと、強く思うようになりました。時がたつにつれ、その思いは日に日につのり、有元さんに直談判。ついにはご快諾いただき、文化出版局の力をお借りして、夢がかなうことになりました。
愛知ドビーが名古屋の工場で大切に作り続けている「バーミキュラ」。有元さんのレシピで、皆さんの暮しをもっと楽しいものにしていただけたら、こんなに幸せなことはありません。

愛知ドビー株式会社　代表取締役副社長
バーミキュラ開発責任者　土方智晴

有元葉子

ありもと・ようこ

料理研究家。料理は掛け値なくおいしく、材料、調理法は極力シンプルであることをモットーに、食の安全や環境への配慮も重視した食生活を提案。また使い手の立場に立ったキッチン道具の開発にも力を注ぎ、好評を博している。著書に『干し野菜のすすめ』『玄米 私の楽しみ方』『有元葉子の無水鍋料理』『〔私のフライパン〕料理』『だしとスープがあれば』『有元葉子のマリネがあれば』『有元葉子 うちのおつけもの』『無水鍋で料理する』（いずれも文化出版局）など。

ブックデザイン
渡部浩美

撮影
三木麻奈

スタイリング
chizu

校閲
山脇節子

編集
浅井香織（文化出版局）

協力
愛知ドビー株式会社

器協力
TIME＆STYLE MIDTOWN 六本木

有元葉子の「バーミキュラ」を囲む食卓

2017年1月23日　第1刷発行

著　者　有元葉子
発行者　大沼 淳
発行所　学校法人文化学園 文化出版局
〒151-8524　東京都渋谷区代々木3-22-1
電話 03-3299-2565（編集）
03-3299-2540（営業）
印刷・製本所　凸版印刷株式会社

文化出版局のホームページ　http://books.bunka.ac.jp/